AF226493

10 JUILLET 1892

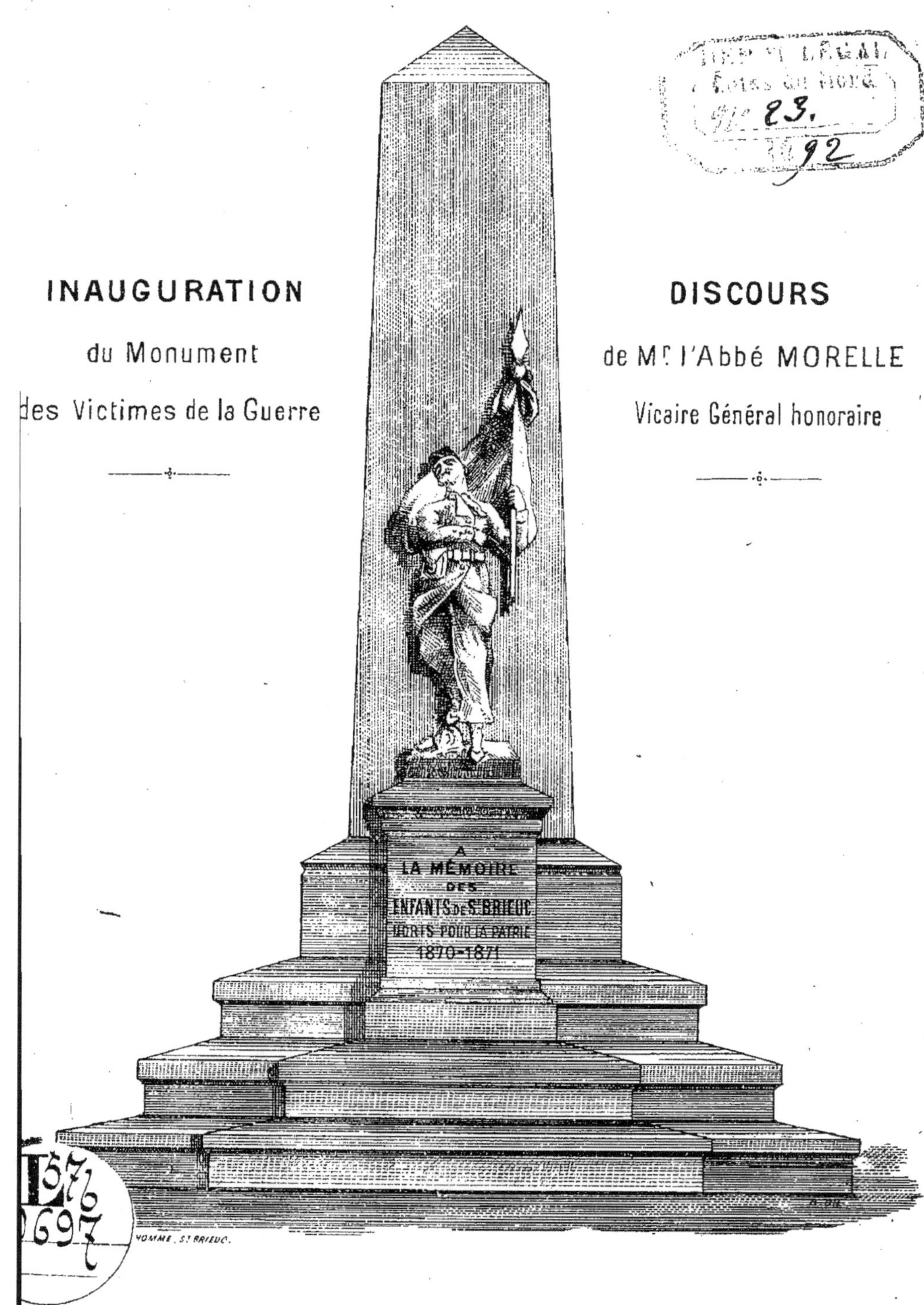

INAUGURATION

du Monument

des Victimes de la Guerre

DISCOURS

de Mr. l'Abbé MORELLE

Vicaire Général honoraire

Se vend au profit du Monument

INAUGURATION

DU

MONUMENT DES VICTIMES DE LA GUERRE

DISCOURS

PRONONCÉ

A LA CATHÉDRALE DE SAINT-BRIEUC

par

M. L'Abbé MORELLE

Vicaire général honoraire

SECRÉTAIRE PARTICULIER DE MONSEIGNEUR L'ÉVÊQUE

LE 10 JUILLET 1892

SAINT-BRIEUC

IMPRIMERIE-LIBRAIRIE-LITHOGRAPHIE RENÉ PRUD'HOMME

Imprimeur de Sa Grandeur Monseigneur l'Évêque

1892

DISCOURS

PRONONCÉ

A LA CATHÉDRALE DE SAINT-BRIEUC

par

M. L'Abbé MORELLE

Vicaire général honoraire, Secrétaire particulier de Monseigneur l'Evêque

Le 10 Juillet 1892

———

> *Constantes effecti sunt et pro Patria mori parati.* (Mac. 8-21).
> Ils furent pleins de courage et prêts à mourir pour leur pays.

Monseigneur,
Mes Frères,

C'est bien en deux mots l'histoire de ceux que nous pleurons. Braves ! Ils le furent quand il fallut partir, ils le furent devant l'ennemi, ils le furent en face de la mort, soit qu'elle vînt les frapper brutalement sur le champ d'honneur, soit qu'elle épuisât leur vie goutte à goutte au sein de la contagion dans les ambulances ou dans les hôpitaux. Martyrs du devoir, sauveurs de l'honneur français et chrétien, en une heure désespérée, ils tombèrent en héros, moururent glorieusement pour le pays, et furent ensevelis dans la pourpre de leur sang.

Aussi, tandis que « les morts vont vite » selon le mot douloureux, décevant, mais tristement vrai du poète, leur souvenir reste impérissable parmi vous. Ni le temps, ce grand destructeur ; ni les événements qui se précipitent et, jetant nos âmes haletantes dans des émotions contraires, semblent ajouter encore à la durée ; ni les moissons vingt fois mûries et vingt fois fauchées sur leurs cendres ; ni les incertitudes qui pèsent pour plusieurs sur le lieu de leur lointaine sépulture, rien n'a pu effacer leur nom de votre mémoire, ni étouffer la reconnaissance dans vos cœurs. Et aujourd'hui, après bientôt un quart de siècle écoulé, voici que la cité tout entière se lève frémissante ; autour de leur image sanglante elle appelle et groupe, dans une manifestation imposante, où la vivacité des regrets n'a d'égale que leur unanimité, tous ses enfants ; et, en attendant que tout à l'heure elle découvre à nos yeux le monument où le ciseau d'un de ses fils a immortalisé, dans un symbolisme heureux, l'héroïsme de leur sacrifice, et où elle a gravé leurs noms, voulant assurer son deuil contre les effacements du temps et de la mort, et lui donner la pérennité du granit, la religion, répondant à sa voix, les entoure une fois encore de ses pompes funèbres, et implore, pour leurs âmes de soldats, l'éternel repos après le combat.

Ah ! c'est un grand et patriotique spectacle que celui que vous donnez en ce moment, qui s'agrandit encore du sens élevé qu'il offre à ma pensée.

Le Prêtre à l'autel, l'Evêque à son trône, les magistrats de la cité, les représentants du Gouvernement et de l'armée, les autorités de tous les ordres, la présence d'un homme qui honore la France et dont c'est bien ici la place, parce que, fils de la Bretagne, investi de son mandat en des temps troublés, mêlé d'ailleurs aux douloureux événements qu'il nous faut rappeler et qu'il a tenté de dominer et de maîtriser par les efforts de son patriotisme, il a su garder les vieilles fidélités, forcer par l'élévation de son caractère, le spiritualisme de sa pensée et la haute probité de sa vie, l'estime de tous, et attacher son nom à toutes les nobles croisades de notre temps, qu'elles aient pour but la diffusion de la lumière et de la civilisation par le canal de notre belle langue française, l'abolition de l'esclavage, la moralisation des classes populaires ou la répression de l'athéisme ; enfin la foule immense, émue, entourant ce catafalque et remplissant cette enceinte, toute cette scène émouvante se fond à mes yeux dans deux grandes figures, et je vois la Patrie et l'Eglise, ces deux mères augustes, planant au-dessus de cette assemblée et venant déposer de leurs mains unanimes la couronne des braves sur le front de ces héroïques enfants.

La France les pleure et les couronne pour ce qu'ils lui ont sacrifié ; l'Eglise les réclame et les glorifie pour ce qu'ils lui ont gardé.

Soit qu'ils forment la France du ve siècle « comme les abeilles leur ruche », soit que debout sur les remparts de la Patrie, comme l'Evêque Gozlin sur les murs de Paris, ils soient l'âme de la résistance contre l'envahisseur ; soit qu'ils défendent les libertés communales contre l'oppression des grands avec Geoffroy d'Amiens, ou les droits de l'Eglise contre l'usurpation des ducs avec Guillaume de Saint-Brieuc ; soit enfin qu'au cours de nos derniers désastres ils en imposent au vainqueur à Tours ou à Orléans par la grandeur de leur âme et la fermeté de leur langage, ou que, comme à Saint-Brieuc, ils communiquent à leurs Prêtres ou à leurs séminaristes la flamme héroïque de leur cœur, nos Evêques ont toujours été des patriotes. Vous étiez de race épiscopale, Monseigneur, et personne ne s'étonne ici de vous voir accouru d'un lointain voyage pour présider cette cérémonie patriotique ; car je le dis avec Bossuet : « Il est certain que la France n'a pas d'âme plus française « que la vôtre. »

I

C'étaient vos concitoyens et vos enfants. Mais leur renommée déborde la cité. Ils appartiennent à la-France et la France couronne et glorifie le triple sacrifice qu'ils lui ont fait.

Que lui ont-ils sacrifié ? Ils lui ont sacrifié la *Patrie*. La Patrie ! Avaient-ils donc une autre patrie que la France elle-même ? Ah ! Messieurs, que votre patriotisme ne se scandalise pas de m'entendre employer ce mot quand je veux parler de la Bretagne à des Bretons. Si un sol sacré, tourmenté, déchiré profondément, éternellement battu par les flots, pittoresque entre tous, et portant, sur ses assises granitiques et sa végétation de chênes, une puissante et particulière empreinte ; si une race forte et restée identique à elle-même ; si une âme rêveuse, mariant ses mélancolies à celles du ciel gris et de la mer sauvage dans le bleu sombre du regard ; si une foi commune et indomptable ; si des mœurs, des costumes, des traditions, une histoire, une langue, qui ont vu passer tant de siècles, si tous ces éléments si caractéristiques sont constitutifs d'un peuple et d'une Patrie, laissez-moi nommer le peuple Breton et la patrie Bretonne. Mais que la France, justement jalouse de sa suprématie, ne s'alarme pas. La petite patrie Bretonne ne connaît pas devoir plus grand, honneur plus enviable que de répondre la première aux appels de la grande Patrie française dans les bras de laquelle elle s'est jetée il y a quatre siècles.

Ne l'ont-ils pas prouvé, ces morts glorieux ? Ai-je besoin de vous rappeler le tragique et la cruauté des conjonctures dans lesquelles retentit trois fois à leur oreille l'appel de la France ? Faut-il rouvrir à votre cœur une blessure qui saignera éternellement ? Oui, il le faut, car il y a des souvenirs qui sont salutaires autant qu'ils sont douloureux. Il y a des souffrances qui éclairent l'avenir des lueurs sombres du passé, qui signalent le devoir et qui trempent les âmes.

Le premier cri de la France était plein de confiance. Son caractère chevaleresque et primesautier s'étant laissé prendre aux pièges réitérés d'un rival puissant et perfide, elle venait de lui déclarer imprudemment une guerre qu'il appelait de ses vœux secrets. *A moi !* s'écria la France, et il y avait dans cet appel comme des échos de victoire. C'était la France de nos dernières campagnes : la France d'Alger, la France de l'Alma et de Malakoff, la France de Magenta et de Solférino, la France de Puebla qui relevait fièrement la tête, ne se souvenant pas d'avoir été vaincue.

D'un bout à l'autre du pays courut un long et patriotique frisson. Pour être moins verbeuse et plus concise qu'ailleurs, la réponse de la jeunesse bretonne n'en fut que plus fière et plus mâle : *Présent !* elle était déjà partie.

A quelques semaines de là, hélas ! tout nous avait trahis. Tout : les hommes, les choses plus que les hommes, la victoire plus que les choses. Nos frontières brisées, nos troupes écrasées sous une avalanche de fer et de feu, nos généraux décimés, nos armées prisonnières ou cernées à Metz et à Paris dans un cercle d'acier, nos provinces piétinées, violées, ensanglantées, ravagées par un ennemi qui, faisant reculer la civilisation de bien des siècles, pratiquait la guerre à la manière des Barbares. C'était l'heure où votre patriotisme, Monseigneur, connut cette humiliation d'aller défendre — avec quelle énergie ! on s'en souvient à Amiens — auprès des préfets teutons, nos intérêts, nos églises et nos vies... Une seconde fois la France expirante, se soulevant avec effort de dessous la botte du vainqueur, s'écria : *A moi !* Mais dans sa voix affaiblie, au lieu de la confiance, c'était un râle d'agonie.

Présent ! répondirent, avec des sanglots dans la gorge, les mobiles et les mobilisés Bretons. Et ils partirent. Je ne crains pas de le dire, ils eurent, à faire cette réponse, plus de mérite que d'autres. La Bretagne n'était pas envahie. La Vierge de l'espérance et vos vieux saints avaient décrit autour d'elle un cercle infranchissable, et je me demande si ce fut miséricorde plus grande pour la Bretagne que pour l'envahisseur. Qui peut affirmer, en effet, s'il se fût engagé dans vos forêts de chênes, dans vos *ménés*, dans vos ravins et vos gorges profondes, que la Bretagne ne fût pas devenue le vaste ossuaire de l'Allemagne ? Quoiqu'il en soit, je dis que le sacrifice fut plus désintéressé au cœur de vos fils, et que leur patriotisme fut assez ardent pour suppléer à cette indignation, à cette rage héroïque qui s'empare du soldat défendant pied à pied le sol foulé qui porta son berceau et qui garde le tombeau des ancêtres.

La France ne fut pas plutôt dégagée de l'égorgement barbare où l'avaient tenue six mois d'invasion armée, elle n'eut pas plutôt payé, au prix de ses milliards et au prix plus douloureux de deux provinces violemment arrachées à ses entrailles sanglantes, le droit de respirer, qu'une suprême épreuve lui fut infligée par les attentats parricides d'enfants égarés. Cette fois, c'est au cœur qu'elle était frappée.

A moi ! s'écria-t-elle une dernière fois, avec cet accent contenu d'une mère qui craint de payer son salut par le déshonneur de ses fils.

Présent ! répondirent vos marins, et ils coururent, soldats de l'ordre et de la civilisation, arracher aux flammes ce qui restait de Paris et de nos gloires nationales.

Quitter la Patrie avec au cœur le sentiment qu'on ne la reverra plus, c'est un dur sacrifice devant lequel ils ne reculèrent pas. Un plus cruel leur fut demandé. Quand ils eurent attaché au rivage la barque qu'ils montaient pour aller demander à la mer le pain de la famille ; quand ils eurent dételé leurs chevaux, abandonnant la charrue au sillon interrompu ; quand ils eurent laissé la cognée au pied des chênes entaillés, et promené, sur cette Bretagne de leur cœur, le long regard de l'adieu, comment auraient-ils pu ne pas s'attendrir au moment de franchir, pour toujours sans doute, le seuil natal. Cette maison de granit ou de terre, ce toit opulent ou pauvre, ce vieux père, cette vieille mère, cette jeune sœur, cet horizon familier, ce foyer en un mot auquel l'âme bretonne est plus attachée qu'aucune autre, parce que la vie y est plus patriarcale, parce que la tendresse s'y fortifie des liens plus solides qu'y multiplie le nombre des enfants, parce que le cosmopolitisme, qui en disperse ailleurs les pierres vénérables sur tous les chemins sillonnés par la vapeur, n'en a point encore ébranlé les assises, ils l'ont sacrifié à la Patrie en détresse.

Que de foyers bretons se sont assombris ce jour-là d'un deuil dont aucune joie n'a plus jamais déchiré le crêpe. Pour un grand nombre, ce fut la misère et la ruine, et l'on vit de pauvres vieillards mourir avant l'heure, parce qu'ils avaient soif des nouvelles de l'absent et parce qu'ils avaient faim du pain qu'il ne pouvait plus leur gagner. Pour plusieurs ce fut le désert. Cette cité n'a-t-elle pas vu un foyer dont la porte était close parce que ses héroïques habitants, le père, les trois frères, une sœur qui avait haussé, au niveau du courage fraternel, l'intrépidité d'une âme plus forte que son sexe, étaient dispersés sur les champs de bataille de la Patrie, y recevant de glorieuses blessures (1). Pour quelques-uns, le désert ne devait jamais se repeupler, et votre pensée se rencontre avec la mienne pour saluer avec respect ces trois héros, frères par le patriotisme et la bravoure non moins que par le sang, et qui tombèrent, pour ne plus se relever, sur trois champs de bataille différents. Vous avez été bien inspirés de donner leur nom à une de vos rues. Par de telles mesures une cité s'honore autant qu'elle honore ses enfants.

Il y a quelque chose qui nous est plus cher que la Patrie, plus intime que le foyer, c'est nous-même. N'est-ce pas un égoïsme légitime et commandé par les plus puissants instincts de la nature, que celui qui nous porte, quand tout est sacrifié, perdu, à sauver du moins notre vie ? Cet

(1) Famille Geslin de Bourgogne.

égoïsme, ils l'immolèrent aux pieds de la Patrie blessée. Etant sortis de leur pays, de leur foyer, pour la secourir, ils n'hésitèrent pas à lui donner cette marque d'abnégation et de dévouement que le Sauveur proclame la plus éloquente de toutes (1), en sortant d'eux-mêmes par la porte d'une mort cruelle et, pour la plupart, sanglante.

N'attendez pas de moi que je reprenne les chemins variés et lointains qui mènent à cette motte de terre rougie de leur sang, ou que je vous décrive les circonstances qui ennoblirent leur mort. Un long poëme n'y suffirait pas. Il faudrait revoir, les uns après les autres, tous les champs de bataille de l'année terrible que leur courage a illustrés par de brillants faits d'armes où ils combattirent un contre dix, ou par des défaites glorieuses à l'égal des plus éclatantes victoires. Il faudrait vous les montrer, l'un, la tête fracassée par une balle ; l'autre, la poitrine transpercée par un coup de feu ; celui-ci, broyé par un éclat d'obus, celui-là, mourant des suites d'une amputation ; un grand nombre dévorés par la pourriture d'hôpital ou empoisonnés par le typhus ou la variole.

N'attendez pas davantage que je vous dise leurs noms ; ils sont gravés dans votre mémoire, et vos yeux les liront tout à l'heure sur le granit. Pour moi, ne pouvant les nommer tous, je n'en nommerai aucun, ne sachant sur quelle base établir mon choix, ni discerner des degrés dans un héroïsme qui ne connut d'autre limite que la mort.

Voilà le triple sacrifice qu'ils ont fait à la France. La France a donc raison de les pleurer et de les couronner, et il me semble voir leur image sanglante s'animer et sourire fièrement à cette mère qui rend justice à leur courage.

(1) Joan. 15-13.

II

Si la France les couronne pour ce qu'ils ont sacrifié, l'Eglise les réclame et les exalte pour ce qu'ils lui ont gardé.

Que lui ont-ils gardé ?

La foi d'abord. C'étaient des Bretons, par conséquent des croyants. La fidélité à la vieille foi des ancêtres n'est-elle pas le trait caractéristique de cette forte race qui tient du chêne et du granit ?

Quand on parle de la Bretagne, l'épithète de catholique ne vient-elle pas d'elle-même se placer sur les lèvres pour compléter la pensée, et n'ai-je pas entendu les échos de vos vallons, de vos landes et de vos grèves, retentir de ce fier refrain : *Catholiques et Bretons toujours*. Il est si indéracinable au cœur breton le sentiment religieux, qu'on a pu dire qu'à la fin des temps, parmi les débris du monde, on trouverait encore une croix debout et un Breton agenouillé au pied de cette croix...

Ce noble héritage de la foi catholique transmis par les ancêtres, et primitivement apporté sur votre terre par ces vieux saints, vénérables fondateurs de vos Eglises, dont les autels, les tombeaux et le culte refleurissent partout autour de nous au souffle de votre piété et de vos royales libéralités, le soldat Breton l'emporte dans son cœur avec la médaille que sa pieuse mère a suspendue à son cou, avec le chapelet qui ne le quittera pas, avec les recommandations de son recteur, dans la retraite du départ. Il est déjà bien loin sur le chemin quand il se retourne une dernière fois ; le toit de sa chaumière s'est abaissé et fondu à l'horizon, mais une flèche perce encore les airs. C'est le clocher de son village. Voilà la dernière vision et le dernier souvenir qu'il emporte dans ses yeux et dans son cœur, résumant et incarnant sa foi chrétienne. Ce sera son talisman, son étoile, sa force.

Vous me dites qu'ils furent, au milieu des camps, dans les marches et les contre-marches, sur la neige comme sous le feu, des types de courage, de discipline, d'obéissance et de fidélité. Je n'en suis pas surpris. Les vertus militaires semblent douces et faciles, malgré leur austérité, à qui a grandi dans la pratique des vertus chrétiennes. L'honneur du drapeau ne demande jamais de sacrifices trop durs à qui est habitué à regarder la croix comme son étendard ; et, qui est prêt à mourir pour son Dieu, meurt volontiers pour son pays.

Avec la foi, ils ont gardé l'*espérance*. La foi en a fait des troupes disciplinées, résistantes, incapables de capituler devant le devoir, dont la caractéristique est la solidité. L'espérance, avec ses promesses d'immortalité, triomphant des entraves d'une nature plus faite peut-être pour les patients efforts que pour les audaces brillantes, les a entraînés à la mort dans un superbe élan. C'est à ce puissant levier qu'il faut attribuer les charges intrépides auxquelles ils ont pris part, qui ont jeté sur l'armée de la Loire un si vif éclat, et dont le bruit, couvrant celui de nos désastres, retentira dans l'histoire comme un long écho de gloire ; et Patay, où les zouaves pontificaux et les mobiles des Côtes-du-Nord — frères trois fois, et par le sang, et par les croyances, et par le courage — luttent de valeur sur le même champ de bataille ; et Loigny, où les mêmes zouaves, vos fils pour plusieurs, « les hirondelles de la mort, » comme les nomment les Prussiens épouvantés, s'élancent à l'assaut « comme à une fête » ; reforment vingt fois leurs rangs vingt fois éclaircis par des décharges d'artillerie à bout portant, attaquent l'ennemi à la baïonnette, le culbutent, prennent ses positions, et ne pouvant les garder, parce que, si une poignée de braves suffit pour vaincre, elle ne suffit pas pour profiter de la victoire, se replient en bon ordre — non pas tous : sur 300, 198 restent sur le champ de bataille — sauvant du moins et l'honneur et cette bannière du Sacré-Cœur qui avait électrisé leur courage et qui, cinq fois couverte du sang le plus noble et le plus pur, avait cinq fois changé de mains pendant l'action sans être une minute abandonnée ; et Yvré-l'Evêque, et le plateau d'Auvours, dont les zouaves encore, les zouaves toujours ! soutenus cette fois par deux compagnies des mobiles de Saint-Brieuc, escaladent les hauteurs avec les ardeurs de la furie française, s'y maintiennent pendant deux heures sous une pluie de feu, assez longtemps pour protéger la retraite de nos troupes et l'empêcher de tourner en déroute.

Ici encore, que de noms il me faudrait citer, si je ne me l'étais interdit et s'ils n'étaient sur toutes les lèvres et dans tous les cœurs. Faites ce pèlerinage patriotique et douloureux. Allez baiser pieusement ces pentes d'Auvours, où votre jeunesse bretonne et briochine a été moissonnée dans sa fleur ; sur la colonne commémorative qui les domine, lisez la longue liste de ceux qui sont tombés là glorieusement. Vous y verrez les noms les plus illustres comme les plus humbles de la cité. Là, le fils de famille, l'obscur artisan, l'humble séminariste ont mêlé leur sang dans un même holocauste. Les échos d'alentour vous rediront encore les éloquentes paroles qu'un de vos évêques y a prononcées à leur louange, et un mot du général Gougeard, concis, mais énergique comme le langage d'un soldat, les résumera toutes : « Je regarde comme un grand honneur d'avoir eu sous mes ordres de telles troupes. »

Pour moi, ce que je veux retenir, c'est ceci : ce qui les soutenait, c'était l'espérance chrétienne. Dieu me garde de jeter l'ombre la plus légère sur aucune fraction de notre armée Française : elle fut admirable dans ses malheurs. Cependant il faut bien l'avouer : démoralisés par la fatigue, les privations, le manque de cohésion, et surtout par ce sentiment décourageant que le pacte est rompu avec la victoire, à Loigny, les troupes échappaient à la main de Sonis quand il cria aux zouaves : « Il y a là-bas des lâches qui refusent de marcher... Montrons-leur ce que valent des hommes de cœur et des chrétiens. » Ecoutez la réponse : « Nous sommes tous Bretons ; il ne sera pas dit qu'un régiment s'est mieux battu que nous ». Au plateau d'Auvours, nos soldats de ligne fuyaient, en proie à la panique — « En avant les zouaves. Pour Dieu et la Patrie ! » s'écrie le général Gougeard, et ils répondent par cette fière devise d'une de nos vieilles familles : *Etiamsi omnes ego non: Quand tous fuiraient, nous jamais !* (1). D'où je conclus que quand le courage militaire aurait abandonné tous les cœurs, il se réfugierait dans les cœurs chrétiens. Ailleurs

(1) Famille de Clermont-Tonnerre

on avait déployé de la bravoure, nulle part cette sérénité chevaleresque sous le feu. Des voix chagrines, grâce à Dieu très isolées dans ce concert patriotique, avaient demandé si des âmes viriles pouvaient vraiment grandir à l'école de l'Eglise. Soldats d'Auvours et de Loigny, vous leur avez noblement répondu et vous avez dignement vengé votre mère.

Vous demandez si l'Eglise sait inspirer le courage ! Ecoutez. Je m'étais promis de ne citer aucun nom. Il en est un que je ne peux taire ; mon silence équivaudrait à de l'ingratitude, car c'est la terre de mon enfance que sa bravoure a défendue et que son sang a rougie. C'était en vue d'Amiens. Après la bataille de Dury, Faidherbe se repliait sur Corbie. Quelques pièces d'artillerie protégeaient sa retraite. L'un après l'autre, tous les artilleurs tombent à côté de leurs pièces ; le feu ne se ralentit pas, et, pendant 5 heures, l'ennemi est arrêté dans sa marche. Enfin, un seul artilleur reste debout, ou plutôt couché sur sa pièce, car il porte trois affreuses blessures. C'est le commandant Meunier. Seul, tout seul, embusqué derrière un rempart de chevaux tués ; entouré des cadavres de tous ses hommes, il continue la lutte, pointe avec une telle précision, que chacun de ses coups cause dans les rangs de l'ennemi des ravages terribles. Frappé de tant de courage, le commandant ennemi lui envoie un parlementaire et l'invite à se rendre. Pour toute réponse, Meunier montre silencieusement ses soldats couchés autour de lui et continue son tir. L'ennemi, subjugué, n'y répond plus, mais bientôt la batterie française se tait. Les deux jambes emportées, ensanglanté, meurtri, votre compatriote mourait sur ma terre natale et les Prussiens pouvaient passer. Emu de sa bravoure, le général Paulze-d'Yvoy l'avait embrassé devant toutes ses troupes sur le champ de bataille. Une récompense plus expressive encore lui était réservée après sa mort. L'ennemi, ravi d'admiration au spectacle de son intrépidité, rendit à sa dépouille les honneurs militaires. Où avait-il appris l'héroïsme ? Il ne connut que deux écoles : celle d'une famille chrétienne qui devait donner une religieuse à l'Eglise, et celle de ces Frères des Ecoles chrétiennes dont Paris admira l'héroïsme sous ses murs. Ah ! si elle est une école de respect, l'Eglise est aussi une école de bravoure.

Ces héros qui étaient, sous le feu, des lions, étaient, devant la mort, de doux agneaux. Mourir sur le champ d'honneur d'une balle dans la tête ou au cœur, donner sa vie d'un seul jet avec son sang, cela est glorieux, cela est facile. Mourir sans gloire, semble-t-il, loin du feu, au sein de la contagion, sans avoir combattu, lentement dévoré par la gangrène ou brûlé par la fièvre, cela est plus dur. Combien de ceux que nous pleurons connurent les horreurs de cette mort, dans cette nécropole qui s'appelait le camp de Conlie et qui engloutit tant de jeunes vies toutes débordantes de sève. Cette lente et cruelle agonie, ils la regardèrent venir le sourire sur les lèvres. Personne ne sait souffrir et mourir comme le Breton. La mort n'est pas pour lui une visiteuse inattendue ni effrayante, pourvu qu'à son chevet son œil aperçoive le prêtre. Or, ses prêtres, le soldat Breton les avait trouvés partout à côté de lui au poste du dévouement et du danger. Je n'avais pas alors l'honneur d'appartenir à vos rangs, Messieurs et vénérés Confrères, et voilà pourquoi j'ai le droit de vous louer et de rappeler qu'à la date du 25 novembre, 74 d'entre vous sollicitaient la faveur d'être admis dans l'aumônerie militaire et plusieurs de marcher à leur frais. Vous auriez pu rester à l'autel, c'était encore défendre la Patrie, car les anciens le savaient bien : « Un autel défend mieux qu'un rempart (1). »

Mais votre dévouement n'avait pu résister à l'attrait du péril sanglant. Les aspirants au sacerdoce ne furent pas moins patriotes que leurs aînés. Sur un signe de leur Evêque, le 28 novembre, 192 séminaristes offraient à la Patrie un dévouement d'autant plus joyeux qu'il était plus spontané.

Les uns s'exerçaient au maniement des armes, en attendant l'heure désirée de l'enrôlement ; 35 s'engageaient dans ces volontaires de l'Ouest qui s'illustrèrent à Loigny et à Auvours, où l'un d'eux fut tué (2) ; 20 autres servaient dans les ambulances de Conlie sous les ordres de ce prêtre admirable (3) qui, âgé, infirme, était parti pour ce camp ravagé, « heureux d'y aller, plus heureux d'y mourir, » qui y mourut, en effet, et dont la ville recueillit les cendres dans un tombeau concédé gratuitement et recouvert, par l'amitié et la reconnaissance, d'un superbe mausolée. Combien de nos pauvres soldats moururent résignés, la tête appuyée sur le cœur de ce prêtre, doux envers les événements, doux envers la souffrance, doux envers la mort.

A qui leur eût demandé : *Que faites-vous ici ?* Comme nos soldats d'Afrique entassés, aux premiers jours de la conquête, dans un de ces camps empestés, ils eussent répondu : *Nous mourons, mon général.*

Ils n'en voulaient point à la mort, parce qu'ils avaient le sentiment que cette mort elle-même était un holocauste qui intercédait pour la Patrie.

(1) Eschyle. — *Les Suppliants.*
(2) Le Bricon.
(3) Le chanoine Kermoalquin.

Et c'est parce que cette douceur du dernier soupir, qui est la fleur de la charité, a embaumé les suprêmes instants d'une vie que la foi avait dirigée et que l'espérance avait soutenue, que l'Eglise les réclame et les exalte.

Puissent leurs vertus chrétiennes avoir de nombreux imitateurs, et la grandeur de notre pays est assurée. Dans un livre courageux, qui porte sur sa couverture ces trois mots sacrés : *Dieu, Patrie, Liberté*, un penseur a écrit : « Il « n'y a que les fortes croyances et la pleine possession de « soi-même qui fassent les grands citoyens et les grands « peuples (1). » Je remercie la plume qui a tracé cette phrase ; elle couvre, de sa haute autorité, l'affirmation que je viens de poser.

Que ces fortes croyances règlent la vie des citoyens, et nous serons invincibles dans les luttes de l'avenir et quand il faudra défendre les portes de la Patrie. — *Nous reviendrons, Messieurs*, disait un Anglais en quittant nos rivages après la reddition de Dunkerque sous Louis XIV. — *Non !* lui fut-il répondu, *vous ne reviendrez pas tant que nous servirons Dieu mieux que vous*.

En retour de ce qu'ils lui ont sacrifié, la France, par votre noble initiative, leur offre un monument. Vous l'avez choisi sévère comme il convient à des morts, dur pour qu'il défiât le temps et les morsures des éléments. Vous avez bien fait.

A ses pieds vous avez symbolisé la Patrie dans un soldat blessé tombant enveloppé dans les plis de son drapeau. Vous avez bien fait. Nulle figure ne rappelle mieux ses cuisantes douleurs et n'émeut davantage le cœur de ses fils. Ce monument, vous l'avez dressé sur votre Champ-

____

(1) J. Simon.

de-Mars. Vous avez bien fait. Il présidera aux nobles exer-
cices de la guerre, il enflammera l'ardeur de nos jeunes
soldats, il sourira à leurs efforts, à leurs succès, à leurs
espérances. Et si jamais leur courage venait à s'endormir
dans l'oubli du passé, sa vue le réveillerait avec le souvenir
des strophes du poète (1) :

> Mais vous êtes là, vous, du moins,
> Pour nous rafraîchir la mémoire,
> O blessés, glorieux témoins
> De leur effroyable victoire.
> Défendez-nous, vous le pouvez,
> Des molles langueurs corruptrices ;
> Car les désastres éprouvés
> Sont écrits dans vos cicatrices.
>
> Amputés, ô tronçons humains,
> Racontez-nous votre martyre,
> Et, de vos pauvres bras sans mains,
> Apprenez-nous..... (2)

Non ! je ne dirai pas le dernier vers ! Il en coûte à mon
âme française, toute frémissante des mêmes émotions qui
le dictaient au poète, de le retenir captif sur mes lèvres ;
mais puis-je oublier que l'Eglise, à qui appartiennent mes
mains par droit de consécration, veut qu'elles soient
promptes à bénir, lentes à maudire ?

Un monument ! C'est tout ce que la Patrie peut leur
donner. C'est le suprême effort de votre reconnaissance et
de votre admiration.

Est-ce assez ? Eh quoi ! Ils ont tout sacrifié ; leur foyer,

(1) Fr. Coppée.
(2) A mieux maudire.

leurs vieux parents, leur fiancée, les espérances qu'ils portaient au cœur. Sans regarder en arrière, sans permettre à leur cœur de s'attendrir aux fascinations de l'avenir, ils ont volé au fer, au feu, à la mort, et, pour payer leur héroïsme et leur sang répandu, vous n'avez qu'un granit dur, froid, insensible !

Voulez-vous égaler la reconnaissance au sacrifice ? Ranimez leur cendre, rendez-leur, mais plus intense, plus solide, plus heureuse, cette vie qu'ils ont immolée pour vous, et conduisez ces exilés dans une Patrie à l'abri des coups de l'ennemi, où l'éternel repos succède aux horreurs de la bataille, et dont un soleil sans déclin éclaire les splendeurs.

Vous ne le pouvez ? L'Eglise le peut, et vous avez bien fait de l'appeler à votre secours. Elle tient dans sa main une clef d'or qui ouvre les portes de l'éternelle Patrie et de la vie sans fin. Cette clef d'or, c'est la prière. Disons donc pour nos morts glorieux la prière de l'Eglise :

O Dieu, à ceux qui dorment sur la terre étrangère, au pied des forteresses allemandes, et dont les cendres tressaillent au bruit des pas de l'ennemi, donnez le repos éternel.

A ceux qui dorment sous les grands blés et les vignes de l'Alsace, dans leur tombe profanée par une sacrilège annexion, donnez le repos éternel.

A ceux qui dorment sur les rives de la Meuse ou de la Somme, dans les plaines fertiles de la Beauce, du Maine et de l'Anjou, donnez le repos éternel.

A ceux qui dorment dans la fosse commune des cimetières parisiens, donnez le repos éternel.

A ceux qui dorment plus près de nous, sous les ifs du cimetière natal, dans le caveau de famille, à côté de la vallée profonde, en face de la grande mer, donnez le repos éternel.

A tous, où qu'ils dorment, ô Dieu, qui connaissez le lieu de leur sépulture et dont le regard plonge aux entrailles de la terre, donnez le repos éternel et faites luire à leurs yeux l'éternelle lumière : *Requiem æternam dona eis Domine, et lux perpetua luceat eis.*

792. — Saint-Brieuc. Imprimerie René Prud'homme.

www.ingramcontent.com/pod-product-compliance
Lightning Source LLC
Chambersburg PA
CBHW061608050726
47595CB00007B/2843